U0313966

—— 撰　稿 ——

张　迪　　沈蓓蕾　　孙　杰
唐旭东　　曹　阳　　赵　新
魏诗棋　　郑士明　　高　雪
柴冰冰　　陈禹行　　滕　雪
张　静　　刘晓漫　　王靖雯
康　健

—— 插图绘制 ——

雨孩子　　肖猷洪　　郑作鹏
王茜茜　　郭　黎　　任　嘉
陈　威　　程　石　　刘　瑶

—— 装帧设计 ——

陆思茁　　陈　娇
高晓雨　　张　楠

了不起的中国

—— 传统文化卷 ——

礼仪之邦

派糖童书　编绘

化学工业出版社

·北京·

图书在版编目(CIP)数据

礼仪之邦/派糖童书编绘.—北京：化学工业出版
社，2023.10
（了不起的中国.传统文化卷）
ISBN 978-7-122-43896-6

Ⅰ．①礼… Ⅱ.①派… Ⅲ.①礼仪–中国–儿童读物
Ⅳ.①K892.26-49

中国国家版本馆CIP数据核字（2023）第137323号

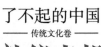

责任编辑：刘晓婷   责任校对：王　静

出版发行：化学工业出版社（北京市东城区青年湖南街13号　邮政编码 100011）
印　　装：北京尚唐印刷包装有限公司
787mm×1092mm　　1/16　　印张5　　2024年1月北京第1版第1次印刷

购书咨询：010-64518888　　　售后服务：010-64518899
网　　址：http://www.cip.com.cn
凡购买本书，如有缺损质量问题，本社销售中心负责调换。

定　　价：35.00元
版权所有　违者必究

前　言

几千年前，世界诞生了四大文明古国，它们分别是古埃及、古印度、古巴比伦和中国。如今，其他三大文明都在历史长河中消亡，只有中华文明延续了下来。

究竟是怎样的国家，文化基因能延续五千年而没有中断？这五千年的悠久历史又给我们留下了什么？中华文化又是凭借什么走向世界的？"了不起的中国"系列图书会给你答案。

"了不起的中国"系列集结二十本分册，分为两辑出版：第一辑为"传统文化卷"，包括神话传说、姓名由来、中国汉字、礼仪之邦、诸子百家、灿烂文学、妙趣成语、二十四节气、传统节日、书画艺术、传统服饰、中华美食，共计十二本；第二辑为"古代科技卷"，包括丝绸之路、四大发明、中医中药、农耕水利、天文地理、古典建筑、算术几何、美器美物，共计八本。

这二十本分册体系完整——

从遥远的上古神话开始，讲述天地初创的神奇、英雄不屈的精神，在小读者心中建立起文明最初的底稿；当名姓标记血统、文字记录历史、礼仪规范行为之后，底稿上清晰的线条逐渐显露，那是一幅肌理细腻、规模宏大的巨作；诸子百家百花盛放，文学敷以亮色，成语点缀趣味，二十四节气联结自然的深邃，传统节日成为中国人年复一年的习惯，中华文明的巨幅画卷呈现梦幻般的色彩；

书画艺术的一笔一画调养身心，传统服饰的一丝一缕修正气质，中华美食的一饮一馔（zhuàn）滋养肉体……

在人文智慧绘就的画卷上，科学智慧绽放奇花。要知道，我国的科学技术水平在漫长的历史时期里一直走在世界前列，这是每个中国孩子可堪引以为傲的事实。陆上丝绸之路和海上丝绸之路，如源源不断的活水为亚、欧、非三大洲注入了活力，那是推动整个人类进步的路途；四大发明带来的文化普及、技术进步和地域开发的影响广泛性直至全球；中医中药、农耕水利的成就是现代人仍能承享的福祉；天文地理、算术几何领域的研究成果发展到如今已成为学术共识；古典建筑和器物之美是凝固的匠心和传世精华……

中华文明上下五千年，这套"了不起的中国"如此这般把五千年文明的来龙去脉轻声细语讲述清楚，让孩子明白：自豪有根，才不会自大；骄傲有源，才不会傲慢。当孩子向其他国家的人们介绍自己祖国的文化时——孩子们的时代更当是万国融会交流的时代——可见那样自信，那样踏实，那样句句确凿，让中国之美可以如诗般传诵到世界各地。

现在让我们翻开书，一起跨越时光，体会中国的"了不起"。

目 录

导言 · 1

等级这个标签 · · · · · · · · · · · · · · · · · · · 2

等级与古人生活 · · · · · · · · · · · · · · · · · 7

宗族大家庭 · 14

大宗与小宗 · 23

亲者，属也 · 26

古代的成人礼 · · · · · · · · · · · · · · · · · · · 31

窈窕淑女，君子好逑——婚姻 · · · · · · · · 38

人死之后的那些事儿——丧葬 · · · · · · · · 46

藏礼于器——礼器 · · · · · · · · · · · · · · · · 53

给现代人参考的古代礼仪 · · · · · · · · · · · 56

导 言

周朝的时候，姬（jī）旦这个老大臣制定出了一套完整的礼制，用来约束上至天子、下至百姓的所有人。这套礼制特别细致，从社会阶层到家族成员，从百姓的职业到百姓的生活，无所不包，这在当时特别管用。我们把这套礼制叫"周礼"。孔子特别尊崇周礼，他曾对儿子伯鱼说："不学礼，无以立。"意思是说，不学会礼仪礼貌，就难以有立身之处。学礼在当时比上大学还重要！礼仪文化是中华文明的主流文化，中国也被称为"礼仪之邦"。

为什么古代要有礼制

礼最重要的意义就是区别不同的社会身份，不同身份的人有不同的行为规范。如果大家都按照自己的身份做该做的事情，社会就会比较和谐。

礼制为什么了不起

传统礼制中的很多内容如今已经不适用了，我们当作知识了解就好；但是，也有一些非常重要的原则，即使在今天看，也不过时。本书会重点说一说人与人交往的礼节、成长的礼仪，这可以让一个人文明起来，让人与人相处变得愉快。我们的祖先在几千年前就能这样想、这样做，这本身就很了不起。

等级这个标签

就像一个整洁有序的大超市，商品会有明确的归类和标签，中国古代的统治者也特别在乎"有序"这件事，所以，他们给老百姓也贴上了标签，这个标签就是等级。

等级划分好了之后，人与人就被分好了类：你是"白菜"，就放在蔬菜一堆；你是"罐头"，就放在罐头架子上。老百姓被分成了士、农、工、商等类别，要安守本分：农民就只能活得像个农民，商人就得服从对商人的各种要求。

《礼记·礼运篇》中说："城郭沟池以为固，礼义以为纪；以正君臣，以笃（dǔ）父子，以睦（mù）兄弟，以和夫妇，以设制度，以立田里，以贤勇知。"意思是将城郭沟池作为防守的屏障，把"礼"作为稳定社会各阶级的方法，让大家和睦相处。

中国古代的皇帝非常不得了，他们号称"天子"，是上天的儿子，是整个帝国最大、最尊贵的人，所有人都得听他的话。

士是注重个人尊严，有使命感的知识分子。在"士、农、工、商"四个阶层里，士的等级是最高的。

农就是农民，古代特别重视农业，农民的地位在普通百姓中是比较高的。

工匠的地位低下，他们只能把手艺一代一代地传承下去。在我国古代，如果一个人是铁匠，他的爸爸、爷爷可能都是铁匠，他的儿子、孙子也将会是铁匠。

商

商就是商人。在现代，成功商人会受到尊敬，但在我国古代，商人地位很低。汉朝时，商人不准穿丝绸衣服，不准乘车或者骑马。明代法律中，商人要上报自己经营的业务，不得随意更改，今天你卖白菜，明天卖拨浪鼓，这是不可以的。商人要出个门，也要提前在居住地备案。

地位最低的商人

商人是当时社会地位最低的。一方面有可能是因为当时交通不便，消息不够发达，商人出去买卖货物短则十天半月，长则一年两年，更不用说在路上遇到劫匪这种情况，出行一趟能够安全回来已经是万幸了。

另一方面有可能是因为商人的财富可以影响士大夫阶级，当一个商人手中聚集了大量的财富，他就会有一定社会和政治影响力，会影响到士大夫的阶级统治。因此，士大夫运用政治手段将商人这个职业打上社会地位最低的标签。

妙手回春

等级与古人生活

元代统治者把职业分为十等：一官、二吏、三僧、四道、五医、六工、七匠、八娼、九儒、十丐。人们就这样被分出了高低。将人分出高低贵贱，这才仅仅是开始，下一步就是让人按着自己的等级过日子。

仔细一看，被之前很多朝代推崇的儒生，却在元代被划分为第九等职业，社会地位很低，这是因为元朝是一个蒙古族当政的朝代，他们认为只需要操练好骑马打仗的功夫就可以维持天下统治，所以对于儒生自然是不看重的。

明代有九流一说

一举子，二医士，三阴阳，四卜筮（shì），五丹青，六相士，七僧家，八道家，九杂家。

其中，举子是有功名的读书人，丹青是画师。医、卜、相、巫在明代称为"四术"，大体是从事看病、驱邪、看风水、算命等工作的人。

下九流

下九流的划分可谓是错综复杂，众说纷纭。总体来看，说的都是一些服务行业的人，比如理发师、唱戏的艺人、搞洗浴的、帮闲的这些行业的从业者，可能是因为居无定所，四处漂泊，所以被定为"下九流"。

🌀 坐车的等级

周朝天子的车是六匹马拉的，天子以下的诸侯、卿大夫不许用那么多马来拉车。《汉书·董仲舒传》中说："乘车者，君子之位也；负担者，小人之事也。"达官贵人才能乘车，而且这些该乘车的人不乘也是不对的。

肅靜

迴避

行路等级

🌀 住房的等级

人们在屋顶上用什么颜色的瓦片，大门上该钉几颗钉，门前有多少台阶都是有规定的。

明代洪武年间规定：官员盖造房屋，不许用"歇山转角、重檐（yán）重栱（gǒng）、绘画藻（zǎo）井"；而庶民所居房屋，不能超过"三间五架"，不许用斗栱及彩色装饰。走在街上，看一套住房的样式，人们就可以基本了解这户人家的身份地位了。

🌀 交通规则的等级

古代的交通规则是"等级"式的，没有什么红绿灯。

比如古代的交通规则中有"贱避贵，少避长，轻避重，去避来"的说法，其中"贱避贵"就是等级礼仪，小官要给大官让路，百姓要给贵族让路。"少避长"很好理解，就是人们要按资历、辈分避让长者。

观衣识等级

穿衣服的等级

衣服是最容易做上等级记号的。

比如，上元元年八月，唐高宗下诏规定自己穿赤黄色的衣服，而官员则按品级穿紫、绯（fēi，红色）、绿、青色的衣服，普通庶民则要穿白色衣服。古代的衣服还有长袍和短襦（rú）的区别，长袍是士子、达官贵人的衣服，短襦则是下层劳动者的服装。

除去衣服颜色和款式外，甚至衣服花纹都体现着明确的等级观念。

像龙和凤这类形象，自然就是要皇家持有，是帝王贵族的专享物。

而官员衣服上则会纹其他东西，文官纹禽，武官纹兽。清代一品文官的补服上面纹的是鹤，一品武官的补服上面纹的是麒麟，都体现了其地位尊贵以及寄托祥瑞之意。

◎ 娶媳妇的等级

　　很多人以为古代男子除娶妻之外，还可以随意纳妾，其实纳妾的数量和理由都需遵守当时的规定，身份越高，相对越宽松。汉朝时，诸侯一妻八妾，卿大夫一妻二妾，士一妻一妾。在元代，士有了妾又想再娶，要被鞭笞（chī）四十。而普通男人，就算家财万贯，也不能娶小老婆。到了明朝，法律稍微宽限了一些，庶民年过四十还没有儿子，就可以纳一个妾。当然，事实上，也有好多人并不遵守这些规定。

娶媳妇的等级

宗族大家庭

古代的家庭是围绕着男子而产生，我们会听到"宗族"这个词，爸爸的儿子们就是宗，宗们聚在一起就是族。

古时候的豪门望族，往往由几百乃至上千人组成。"尊尊"和"亲亲"不是谁的网名，而是古代礼制要求一个大家族内部相处的规矩：尊重应该尊重的人，亲近应该亲近的人，大家族成员和睦相处，相互制约。

尊敬长辈

三族

三族有很多种说法：一种说是父、子、孙三族；一种说是父、母、妻三族；还有一种说是父母、兄弟、妻子。但是毋庸置疑的是，三族肯定是要与自己有一定关系，是自己"家庭"的一分子。那在这之中，每个人的一举一动，都不仅仅代表自己，更是反映了其背后的家庭。

殃及同族的法条

"族诛（zhū）"是指一人犯了死罪，指定范围内的家族成员也全部随之处死。秦汉时候，有"诛三族"，发展到后来，皇帝觉得灭三族都不过瘾，又发展出了"诛五族"和"诛九族"。

"诛九族"就是要把从高祖到玄孙谱系内的直系、旁系亲属全部杀掉，让这支血脉干干净净地消失，可以说是古代最惨无人道、最不讲理的刑罚之一。

古代大家庭

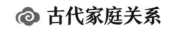 古代家庭关系

简单来说，古代家庭关系就是三对关系：第一父慈子孝，第二兄友弟恭，第三夫义妇顺。

换句话说，中国固然讲究孝道、讲究服从，但是，古人也承认，人和人的关系是相对的，这就是所谓的"礼尚往来"。

🌀 族内惩罚

宗族整合了整个家族的资源，从钱财到田地，甚至还有教育资源——"办家塾"，宗族出钱、出面聘请老师，教育自己宗族里的孩子，以宗族之力去照顾每个家庭的状况。

因此，古时候宗族地位极高，除了官府的法律法规，每个宗族内部也会有相应的族规。当族人做出违背族规之事的时候，也会受到族内的惩罚，其中最严重的惩罚就是逐出家族。虽然以现在的眼光感觉被逐出家族不疼不痒，但是在古代，这意味着逐出之人将一个人承担一切。想考官，没有钱可以上学，也没有家塾的老师教导；与人起了争执，没有宗族人帮忙裁定对错，甚至还可能因为对方背后的宗族而吃闷亏。可以说，被逐出宗族的人在社会上会处处碰壁。

高祖

九族

曾祖

祖父

孙

子

自己

父

族的权力核心——族长

族长在一个家族中拥有很大权力，小到家庭纠纷、婚丧节庆，大到祭祀祖先、收支管理等，都由族长全权处理。

族谱

族谱不仅仅是一本简单记录自己宗族事迹的书，也是一本确定宗族内辈分关系和权利义务的书。族谱的存在可以凝聚宗族的内部力量，强化族人对于宗族的意识，从而保证宗族的凝聚力和生命力。而且族谱中记录的本族名人事迹，也可以显著提高本宗族的社会地位。

◎ 互利互助的族人

我们读《红楼梦》，知道贾宝玉的哥哥贾珠死得早，留下守寡的妻子李氏和年幼的儿子贾兰。但李氏和贾兰在大家族中被照顾得很好，甚至比同辈分的其他人有更高的待遇。家族中贫富相助，使每个成员都能获得更大的生存机会。

◎ 族规

族规就是家族制定的约束族人的法规，也可被称为家训、家范、族约、祠规等。族规除了会记录一些对族人的劝告，还会写一些对于宗族权力运用的内容，让宗族处理事物有一个依据可循。

互利互助

🌀 族的精神归属——家族祠堂

每个有一定地位的家族都有自己的祠堂，祠堂里供奉着家族先人的牌位（或画像）。祠堂是家族的圣殿，中国人讲究"叶落归根"，不管是年少离家，还是迁居他乡，家族祠堂都是族人心目中的精神归属地。

祠堂不仅仅是供奉牌位的地方，它还是族内重大会议和庆典等活动的场所。所以很多宗族在修建祠堂时会聘请风水师，为自己家族的宗祠选择一块风水宝地。祠堂在修建的时候，极尽工艺，集建筑、雕刻、绘画、书法等于一身，承载着宗族深厚的文化和历史积淀。

大宗与小宗

继承就是长辈去世之后，他的一些东西留给了晚辈。财物可以继承，名声、影响力也可以在无形中继承。古代礼制说到底是为了稳定秩序而产生的，在继承权这个最容易出现矛盾的问题上，宗法只用"正统"两个字就解决了。晚辈身份按照正统程度分为大宗和小宗，身份不同，继承权也有很大差异。

我们以皇帝的家庭为例，讲讲大宗与小宗的那些事儿。

大宗

一个男子的正妻所生的儿子叫"嫡（dí）子"，嫡子中的老大叫"嫡长子"，嫡长子和他的嫡长子一脉叫大宗，其地位尊贵，具有无可争议的继承权。

小宗

除了嫡长子，这个男人的其他儿子都是小宗。汉高祖刘邦在娶他的正妻吕氏之前，已经有一个私生子刘肥。刘肥的母亲并不是刘邦的正妻，所以，即使刘肥年纪最大，他也只是小宗，没有皇位继承权。

夺嫡

其他儿子夺取了嫡长子的继承权，称为"夺嫡"。皇族中从秦二世起，夺嫡这件事可谓屡见不鲜，父子相残、手刃兄弟简直就是家常便饭。历史上有一个非常著名的夺嫡事件，被称为"九王夺嫡"。康熙皇帝一共有 24 个儿子，其中有 9 个参与了皇位的争夺战。所以你看，有这么多打架争继承权的儿子，皇帝老爸也是很头疼的。

《戏说九王夺嫡》

这是一幅漫画，虚构了清朝的几个皇子为了皇位大打出手的场面。其实，"夺嫡"事件暗流涌动，他们才不会把架打到台面上来呢。兄弟之间放冷箭、勾结大臣、互相陷害，这也是封建帝王世袭制的弊病之一，由此可以看出，皇家的家庭关系特别冷酷无情。

《戏说九王夺嫡》

亲者，属也

中国的亲属文化，可以把有血缘关系的人和有姻亲关系的人都罩在一张大网下。两个陌生人一见面，仔细论起来，没准儿就有什么亲戚关系，一旦有亲戚关系，顿时熟络起来，关系近了，就好办事了。

◎ 姻亲

两家的子女结婚了，这两家就是姻亲。女子终身服务于婆家，男子也要对岳丈家尽心尽力。婚姻两家互称亲家（qìngjia），两姐妹的丈夫互为连襟，两兄弟的妻子互为妯娌（zhóuli），大家都是亲戚。

◎ 指腹为婚

指腹为婚是古代一种特殊的婚嫁习俗，最早是由光武帝刘秀提出的。刘秀手下有一位功臣，名为贾复，贾复在征战起义军的时候，身受重伤，刘秀为了安抚功臣，便对他说："如果你生儿子，我把女儿嫁给他；如果是女儿，那我让儿子娶她。"但随着指腹为婚在民间流行起来，这项原本安抚功臣的做法却逐渐有了政治婚姻的意味，成为陋习。

✿ 亲属称谓

家: 用来谦称比自己年龄大或身份高的亲属,如称自己的父亲为家父、家严,称母亲为家母、家慈,称哥哥为家兄。

舍: 用来谦称比自己年龄小或辈分小的亲属,如舍弟、舍妹、舍侄等。

先: 对已离世的尊长的称呼。如对已离世的父亲称先父、先严、先考,对已离世的母亲称先母、先妣(bǐ)、先慈,对已离世的祖父称先祖等。

犬: 谦称自己年幼的子女,如犬子、小犬、犬女等。

谦称犬子

◎ 社会称呼

愚： 谦称自己不聪明。可以直接用愚来表示自己，也可以直接向别人介绍自己，如果自己比对方年长，就可以称愚兄，发表自己的见解，也可以叫作愚见。

敝： 是认为自己不够好的一种谦称。称呼自己可以叫敝人，比如敝姓王，那就是在说自己姓王；自己的住所可以称为敝所。

小： 我们经常能在影视剧里看到一些店铺打杂的称呼自己为"小人""小的"，其实这个"小"也是一种称呼，是谦称与自己有关的事物。像客栈的店小二，就会称呼自己为"小的"，像父母就可以称呼自己的儿女为"小儿""小女"等。

◎ 称呼的礼节

《礼记·曲礼》："国君不卿老、世妇，大夫不名世臣、侄、娣（dì），士不名家相、长妾。"君主不直呼上卿和夫人陪嫁的亲属的名字；大夫不直呼与父亲一起工作的大臣、随着妻子一同嫁来的侄女和妹妹的名字；士不直呼管家和有儿子的妾的名字。

冠礼

古代的成人礼

　　冠，就是帽子；冠礼，就是戴帽子的仪式。冠礼是嘉礼的一种，是一个人一生中最重要的仪式之一，儒家将冠礼定位为"礼仪之始"。

🌀 五礼

五礼是指古代社会生活中五种重大事件的礼仪。

吉礼：即祭祀的礼仪。古人祭祀是为了求得吉祥，所以称为吉礼，排在五礼之首。祭天等大规模的祭祀活动，就连皇帝都要亲自参与。

凶礼：是跟丧葬有关的礼仪。

军礼：是有关军事方面的礼仪活动，也可以说是最古老的军规。

宾礼：是指国家之间的往来活动和接待宾客的礼仪。

嘉礼：是伴随一个人成长的礼仪，包括冠礼、婚礼等。

🌀 冠礼的起源

冠礼起源于原始社会的成人礼，迄（qì）今已经有几千年的历史。在氏族长辈根据传统为年轻人举行成年仪式后，这个年轻人才能获得大家的承认，成为氏族中的正式成员。

🌀 冠礼年龄

周朝的时候，冠礼形成了一套完整的礼仪体制。一个男生到二十岁的时候，由他父亲在宗庙里主持冠礼。在这之前，要筮（shì）日（选个好日子）、筮宾（选好参加的宾客），"筮"是占卜的意思，说明这个礼仪的日期和宾客要看神明的安排，不可以随便。

◎ 冠礼的仪式

冠礼上，来宾给行礼的青年三次加冠：先加缁（zī）布冠（黑色麻布冠），表示这个小伙子成为一个遵守古礼的成年人，可以像大人一样做事了；再加皮弁（biàn）（白鹿皮军帽），表示受冠者从此可以服兵役了；最后加爵（jué）弁（红黑礼帽），表示受冠者成为宗族的正式成员，可以参加祭祀典礼了。

◎ 古时冠的称呼

冠礼所用的冠，在不同的时代，称谓也有所不同。周朝的冠叫"委貌"，殷代的冠叫"章甫"，夏朝的冠叫"毋追"。

冠的用法不同，称呼也有变化。有的冠是斋戒和祭祀时戴的，在周代被称为"弁"，在殷代被称为"冔（xǔ）"，在夏朝称为"收"。

冠礼上取字

冠礼上还有一个重大任务，就是由重量级来宾给受冠者取一个"字"。古代人的名字和现代有很大的差别，古人幼年时由父母取名，这个"名"是专门供长辈呼唤的。二十岁行冠礼时要取字，这个"字"是供平辈和朋友称呼的。古时候直呼其"名"是不礼貌的，称呼其"字"才能表达尊重。举个例子，关羽字云长，刘备称呼关羽为"云长"，而不是"羽啊、羽啊"地喊。

平辈称字

大夫无冠礼

《礼记》中记载，在古代，人到五十岁才能授爵成为大夫，而冠礼是二十岁就举行的，自然就没有大夫冠礼这一说了。

冠礼的训诫

加冠之后，受冠者需要去拜见母亲，再去拜见卿（qīng）大夫和乡先生，这时便会得到很多成人后的人生告诫。之后主人要向来宾敬酒、赠礼，整个仪式才算完成。

剃发蓄辫

冠礼的消失

冠礼在唐代没落，在宋代已经不再受重视了。北宋蔡襄（xiāng）说："冠礼今不复议。"而朱熹（xī）则力倡恢复冠礼。到了清朝，男子人人剃头，冠礼不复存在。

🌀 女子的笄礼

古代女子的成人礼叫笄（jī）礼，笄是束发用的簪（zān）子。《礼记·内则》中说："十有五年而笄；二十而嫁；有故，二十三年而嫁。"古代女子要在十五岁行笄礼；到了二十岁就可以出嫁；如果这时遭遇了父母之丧，可以等到二十三岁再出嫁。

笄礼由女性家长主持，参加的人也都是女性。受笄即在行笄礼时改变幼年的发式，负责加笄的人先将受礼者的头发梳成成年女子的发髻（jì），再用簪子固定。在笄礼的流程中，还有一个极为重要的环节——为受礼者取字，这个字一般由父亲或者有学问的人给出，蕴含着长辈对女子的祝福和期望。加笄后的女子便可以嫁人了。

异礼

窈窕淑女，君子好逑——婚姻

"窈窕（yǎotiǎo）淑女，君子好逑（hǎoqiú）"出自《诗经》，诗中描述了青年男子追求心上人辗（zhǎn）转不安的心情。

"婚姻"说法的由来

《说文解字》中说："妇家为婚，婿（xù）家为姻。"婚姻指的是男女双方的父母。《史记·项羽本纪》中记载刘邦和项伯"约为婚姻"，不是刘邦和项伯要结婚，而是定为儿女亲家的意思。

一夫一妻多妾制

很多人误会古代是一夫多妻制，就是一个男子可以娶很多个老婆，其实这是错误的。古人奉行的是一夫一妻多妾制，一个男人只能娶一个老婆，其他的女子都是妾，妾的地位比妻低很多。

早婚的古人

《周礼》中虽然有"男子三十而娶，女子二十而嫁"的说法，但其实各个朝代的成婚年龄都要更早一些。比如唐代的法律规定，男子十五岁、女子十三岁就可以结婚了。而皇族的婚姻因为掺杂着政治因素，极端的例子中有几岁便结婚的，如汉昭帝十岁的时候便立了年仅八岁的上官氏为皇后。

媒婆是一种职业

说起媒婆，很多人眼前浮现的都是一个嘴角有痣、腮上抹红、花言巧语的老女人形象。在古代，媒婆是种职业，"父母之命，媒妁（shuò）之言"，不少朝代规定，结婚必须有媒人，否则会于礼不合，相当于违反了当时的"婚姻法"。

媒婆

为什么统治者关心老百姓的婚姻问题

在古代，统治者是靠老百姓辛苦种地养活的，一旦发生战事，还要从老百姓中选出强壮的男子去打仗。种地需要人，打仗需要人，唐代以前，人头税还是国家最主要的税收。人口的多少决定了统治者的地位和力量。所以，他们当然希望老百姓早早地结婚、生子，生很多很多孩子，为国家服务。

◎ 古代人的交际活动

唐贞观元年，朝廷发布了一项诏书，其中能否让老百姓在适当的年龄结婚，成为对地方官员政绩优劣的考核标准之一。中国古代还有好多节日都有情人节的含义，比如元宵节、上巳（sì）节，都有相亲的内容在里面。

◎ 元宵灯会

元宵灯会最初是为了祈求国家风调雨顺，百姓安居乐业而举办的灯会，自南朝以来，愈演愈烈。《资治通鉴》中记载："自昏达旦，灯火光烛天地，终月而罢，所费巨万。"这段文字描写的就是隋唐时期庆祝元宵灯节的盛大场面。等到宋朝，元宵灯会又兴起了"猜灯谜"这一项活动，这种习俗一直流传至今日。

元宵灯会

🌀 六礼

六礼是古代结婚的一整套流程。

纳采：男方托媒人上女方家求亲，求亲时需要带上很多礼物，其中必不可少的礼物是雁（有些地方用的是鹅，毕竟大雁这玩意儿不好逮）。

问名：男方求亲后，再托媒人询问女方的闺（guī）名和生辰八字，好回家算命问问吉凶。问名也需要送礼，并且还要用雁（大雁的内心是崩溃的）。

纳吉：生辰八字的占卜如果是吉兆，男方便会通知女方，并送礼表示要订婚。是的，你没猜错，又要用雁（大雁招谁惹谁了）。

纳征：纳征也可以称之为订婚，男方将贵重的聘（pìn）金和聘礼送到女方家里，婚约成立。

请期：男方择定良辰吉日，并征求女方同意。请期也要送礼（做男人不容易啊），并且还要用雁（做大雁更不容易啊）。

亲迎：婚礼当天，新郎亲自去女方家迎娶新娘，在男方家完成拜天、地、祖先的仪式。

三书

三书是结婚过程中所需要的文件。

聘书：定亲的文书。在纳吉的时候，男方交予女方，代表两家已经定下婚姻了。

礼书：顾名思义，礼书是一张礼单。上面列有纳征时所用的聘礼物品和数量。

迎书：亲迎那天，男方送给女方的文书。代表迎接新娘过门，正式成为男方的妻子。

迎亲

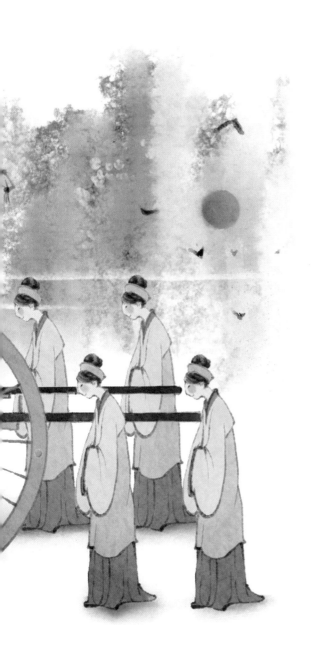

离婚制度

休妻是古代最主要的离婚方式。男子可以以无子、口舌、盗窃、妒忌等七条理由打发他的妻子回娘家，这就是所谓的"七出"，被打发走的最主要的理由可能是生不出儿子。

为了保障妻子不被丈夫随意休掉，古代又订立了"三不去"：妻子没有娘家可归；妻子曾为公婆服丧三年；夫家结婚时潦（liáo）倒，婚后富贵发达。这三种情况不能休妻。

有休妻，却没有休夫一说，所以古代婚姻关系中，男女双方是不平等的。

人死之后的那些事儿——丧葬

古人认为，人死后还有灵魂，灵魂会到另外一个平行世界生活，所以我国古代讲究"事死如事生"，意思就是要像逝者活着的时候一样侍奉他们。

🌀 给死取个名字

在古代，皇帝的死不能叫死，而叫"崩"。看过古装电视剧的小朋友会知道，剧里的皇帝死掉了，会有太监喊："皇上驾崩了！"

《礼记》中记载："天子死曰'崩'，诸侯曰'薨（hōng）'，大夫曰'卒'，士曰'不禄（lù）'，庶人曰'死'。"古代人连死了都得分等级，这个死字是专门给庶民用的。

☁ 灵魂引发的丧葬

在最古老的原始社会，人们并没有安葬死者的观念，有人去世，人们就自然而然地将尸体丢到荒郊野岭去，"回归大自然"了。后来，人类的文明程度渐渐提高，想的事儿也越来越多了，便对死产生了新的认识。古人认为灵魂不灭，死只是肉身的死亡，魂魄还会生活在另一个空间里，既可以给后代降福，也可以给后代施祸，继续影响着这个世界，所以才有了各种各样的丧葬礼仪。商周时期，丧仪就已经非常成熟了。

☁ 主流丧葬方式

土葬是古代最通行的丧葬方式。古人相信"入土为安"，将尸体安放在棺椁（guǒ）内，埋在地宫中，灵魂才会得到安宁。

古时候，火葬在汉族中较为少见，只在少数民族地区沿袭。此外，还有海葬、水葬、树葬、崖葬等。

丧葬器具

在古代以土葬为主的岁月里，棺材是人们一生中最后的归宿，因而当时的人格外看重棺材，老人们盼望能有一副好棺材，不亚于现在的年轻人盼望有一套好房子。用整块的大木板做成的棺材就是上乘的棺材。

选棺木

古时候，除棺材之外，还有椁。棺是用来装殓（liàn）死者的，而椁是用来套在棺材外面的，相当于是棺材的外包装。中国传统上非常重视棺椁，并以此作为身份的象征，等级越高，棺材外面套的椁就越多，而普通老百姓是不允许用椁的。

灵魂归处

打灵幡

葬后守孝之礼

父母去世后，子女必须守孝。传统观念认为，婴儿出生后三年不离母亲的怀抱，需要父母时时刻刻的照料，因此父母去世后，子女也应该还报三年。守孝期间不能做官应酬，做了官的要辞官守孝，不嫁娶、不饮酒、不吃肉、不玩乐，女子不能戴首饰。

守灵

出殡

葬礼

出殡（bìn）是丧葬礼仪中最隆重的大礼，在将棺椁运到墓地的过程中，有很多繁复的礼节。在古代人眼里，要想知道一个家里富不富裕，儿女孝不孝顺，看一眼出殡的规模就能知道。出殡时，送葬队伍里除子孙和亲朋外，还有负责丢引路纸的、持旌（jīng）旗的、敲锣的、吹鼓的、抬官衔的、抬炉亭的、做法事的、打执事的，人越多，哭声越响，排场越大，丧事就办得越体面。

藏礼于器——礼器

古代中国礼仪活动中使用的器具称为"礼器"，礼器能够表明使用者的身份、等级和权力，分类非常细，造型也很多。

比如礼器中的食器，就有煮东西用的鼎、盛食物的簋（guǐ）甚至还有切菜的"案板"俎（zǔ）等。酒器有很多，爵、角、觥（gōng）、瓿（bù）等。乐器有钟、鼓、磬（qìng）等。兵器也算礼器的一种，所以戈、矛、戟等也都会出现在礼仪活动上。这些一般都是青铜礼器。

除了以上的青铜礼器，还有玉礼器。《周礼》中有相关记载："以玉作六器，以礼天地四方。"其中，六器指的是玉璧、玉琮（cóng）、玉圭（guī）、玉琥（hǔ）、玉璋（zhāng）、玉璜（huáng），都是古代用来祭祀天地四方的礼器。

鼎

礼器的起源

我国最早的礼器出现在夏、商、周时期，主要以青铜制品为主。当时的青铜礼器是王室和上层贵族专用，而且在种类和数量上都有明确的规定，从而形成等级森严的礼制。比如规定天子才能用九个鼎来祭祀，其他人就算再有钱也不能跟着用九个鼎，不然就要掉脑袋。

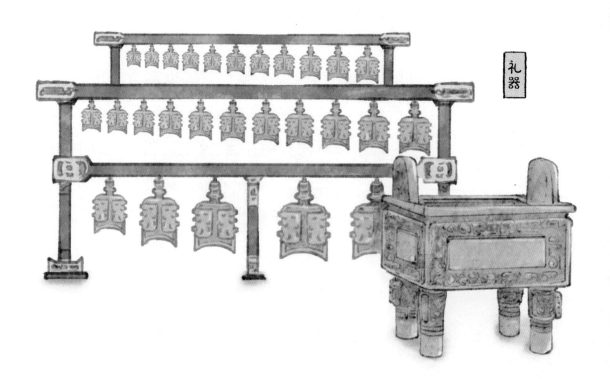

礼器

◎ 礼器的划分

依照人与鬼神两重世界的理论，将礼器划分为祭器和明器。祭祀属于吉礼，所以祭器也叫"吉器""生器"，是活人在这个世界中使用的东西；而丧葬属于凶礼，所以陪葬品叫"明器""鬼器"，是给死人带去另一个世界的东西。

◎ 祭器

祭器就是祭祀祖先时用到的各种器具，包括装酒的壶、盛饭的簋（guǐ）、煮肉的鼎，还有各种各样的乐器等。这些祭器并不是一次性的，这次祭祀时用完了，下次祭祀时还得拿出来用。

留存至今最著名的古代祭器是商朝后期的后母戊（wù）鼎，根据科学考证，后母戊鼎是商王为了祭祀他的母亲而特地制作的。

几种明器

给现代人参考的古代礼仪

之前说到，古代礼制中的很多规矩已经不适用于现代人了，还有很多糟粕（pò）应该摒（bìng）弃。那么现在我们就来对比一些生活中能用到的常见礼仪，并来说说如今怎样做才合适。

尊老的礼仪

汉代的《九章律》规定，对于不孝之罪处斩枭（xiāo）刑。这种刑非常残酷，不仅要把人的脑袋砍下来，还要把头颅挂在树上示众。

在古代，孝道十分严苛，父母说什么都必须听从，父母的愿望就是天大的愿望，子女一定会竭尽全力满足。《卧冰求鲤》的故事里，那个名为王祥的少年因为母亲想吃鱼，就在一个天寒地冻的日子里，解开衣服趴在冰上，想化开冰面

捕鱼。这是非常危险的做法，也很容易生病，不应该提倡。

《礼记》中记载："君子之所谓孝者，先意承志，谕父母于道。"意思是君子认为的孝，是先要了解父母的心意，继承他们的意志，在意见有分歧的时候，向父母解释道理。要想了解父母的想法，更多的是依靠沟通，并且也要向父母说明自己的想法。这样，孩子知道父母的期望，父母知道孩子的作为，和谐的家庭就此构成。

在现代，孝也是一件很重要的事情，只是我们已经不采取那些极端方式了。父母和子女之间相互尊重，有事多商量，子女多听听父母的意见，常陪伴父母，是我们所提倡的。

尊老

站有站相，坐有坐相

《礼记》中说："立毋（wú）跛（bǒ），坐毋箕（jī），寝毋伏。"一个人站着的时候要身正，腰挺腿直，不能东倒西歪；坐着的时候不能张着脚，要用类似跪坐的姿势；睡觉时不要趴着身子。孔子的朋友原壤（rǎng）有一次张着脚坐等孔子，就被孔子好一通教训，还被孔子用手杖打了他的小腿。

古人在交谈的时候，也有规矩，《礼记》中说："毋侧听，毋嗷（jiào）应，毋淫视，毋怠（dài）荒。"在跟别人交谈的时候，

坐有坐相

不要侧耳听人讲话；应答的时候不能大喊大叫，要正眼看人，眼珠不能乱转，身体不要过于放松。这些规矩在现在看来，其实是在交谈过程中尊重他人的一种行为。

虽然我们现在不会因为站姿、坐姿不好而挨打，但也应该站得直、坐得正，这样才有一个好的仪态，也体现了对他人的尊重。

饮酒也有礼仪

《礼记》中有"侍饮于长者，酒进则起，拜受于尊所。长者辞，少者反席而饮。长者举，未釂（jiào），少者不敢饮"的规矩，意思是在酒宴中，陪长辈喝酒的时候，看到长辈给自己倒酒就要立刻站起来，到放置酒樽的地方拜谢长者之后才能接受这杯酒，但是还不能当时就喝，需要长者对这次拜谢礼表示推辞，晚辈才能返回到自己的座位上把酒喝掉。长者如果没把杯里的酒喝光，其他人是不可以喝酒的。而且，古代饮酒是一次饮一杯，杯中酒必须喝掉才算礼貌。

在现代酒桌(包括餐桌)上，虽然我们现在已经没有了烦琐的"领酒礼节"，但让长辈先动筷、先饮酒是一个体现尊敬的礼仪，但每次都要干杯则不妥当。饮酒要适量，小朋友更是不可以饮酒的。

饮酒礼仪

🌀 亲属间的礼仪

古代的启蒙课本《弟子规》中说："事诸父，如事父；事诸兄，如事兄。"意思是对待叔伯要像对待亲爸爸一样，对待同族兄长要像对待亲哥哥一样。古代还有"长兄如父，长嫂如母"一说。这些原则推而广之，就是"老吾老以及人之老，幼吾幼以及人之幼"。这是一种非常好的亲属之间的相处礼仪。

现代社会，我们与亲朋友好和睦相处，彼此互相帮助，对长辈有敬意，对同伴友爱，大家意见不同时，有礼貌地提出——能做到这些，我们就是知礼仪的人了。

和睦相处

🌀 尊重师长

《礼记》中记载："师严然后道尊，道尊然后民知敬学。"这说明只有老师受到尊敬，才会形成真正的求师问道之风，整个社会才会形成良好的敬学风气。甚至于国君，都十分尊敬老师，不会把老师当作自己的臣子来看待。如果老师正在讲学的时候，也不必面向北方表示自己的臣子身份，这更凸显了尊重老师的重要性。

在现代，我们也要遵循"尊师重道"的思想，尊敬我们的老师，是他们将知识传授给我们，帮助我们运用知识了解世界，改变世界。

🌀 对自己的要求

"敖（ào）不可长（zhǎng），欲不可从（zòng），志不可满，乐不可极。"（敖，通"傲"；从，通"纵"）这是《礼记》中的话语，傲慢不可以滋长，自己的欲望不可以放纵，自己的意志不能自满，享受乐趣不能过度。即便是在现在，这也是对我们自身的警醒与约束。

◎ 对待兄弟

《颜氏家训》中说：兄弟小的时候，一起跟随父母身边，大家在一张桌子上吃饭，甚至衣服都是哥哥先穿，然后再给弟弟穿；长大成人之后各自组成家庭，但即便是夫妻之间的关系，也没有兄弟之间的情谊深厚。从这里就能看出来兄弟之间的情谊是从小就开始存在的，并且随着时间推移而逐渐深厚。

在现在的生活中，虽然兄弟之间的关系不一定会那么深厚，甚至会有一些相互责备而产生的怨恨，但只需要双方静下心来，表明自己的观点，这些怨恨都会因为手足亲情而很容易消散。

◎ 夫妻之间

古人认为夫妻之间应该是相敬如宾的状态，可不要误会成是像对待宾客那样对待另一半客客气气的，而是夫妻之间应该互相敬重、爱护。这就说明了一个很好的家庭观：夫妻之间应该是平等的，要相互尊重。

日常生活中，夫妻之间处理事情，难免会产生一些分歧，很容易发生各执一词、固执己见的情况，这对于夫妻之间是一种伤害亲密度的行为，应该彼此体谅，勤于沟通，在自己的原则之上互相帮助，这样才会保证夫妻之间的关系和谐稳定。

责任意识

《论语》中有："不在其位，不谋其政。"《礼记》中说："居其位，无其言，君子耻之。"这两句话都是在说一种责任意识：不管处于什么职位，都要尽职尽责。

在现代社会，除了要我们在职业上有这种责任意识，也对我们的其他身份有了更高的要求。比如父母，不是一种职业，但是却需要更高的责任意识：对子女的教育、对老人的赡养，这些都是父母需要肩负的责任。那尚在成长的子女的责任自然就是努力学习，汲取知识，使自己成为更好的人。

交友原则

孔子的交友之道是"友直，友谅，友多闻，益矣"，意思是说要和正直的人交朋友，要和诚实守信的人交朋友，要和知识渊博的人交朋友，是有益的。而我们在交友的时候，交友活动是双向的，不仅仅是要朋友付出，也要我们诚信待友，平等待友，淡然待友。

君子的行为

见多识广但是谦让，勤勉善行而不懈怠，可以被称之为"君子"。君子处于上位的时候不霸凌处于下位的人，处于下位的时候不巴结上位的人；端正自己的行为，但是不以此苛求别人，做到"严于律己，宽以待人"。而且君子秉承着"君子之交淡如水"的理念，不强求别人的喜欢，也不强求别人死心塌地的忠诚，一直用这样淡然的方式保持与别人的交情。

递东西的礼仪

在古代，人们会有各种各样的"献宝"行为，献金、献玉、献美女，自然也会有献武器，献武器的礼仪很有讲究。先拿献弓来说吧，如果弓是绷紧了弦，就要弦朝上进行献宝；如果弓松了弦，那么就要弓朝上交付别人。此外，献戈的人要把戈刃朝后，献矛的人要把矛头朝后。这些都是为了防止伤害到别人。

在现代，如果我们要把有伤害性的物品递给别人的时候，比如剪刀，我们可以把刀柄的那一侧朝向递给别人，防止一不小心伤到对方。

◎ 办理事情

对于做事情，《礼记》是这样记述的："丧事欲其纵纵尔，吉事欲其折折尔，故丧事虽遽（jù）不陵节，吉事虽止不怠。"意思是处理丧事要急迫起来，但是也不能超越或者丧失应有的礼节与步骤；办理吉事要从容舒缓，不要疏忽懈怠。所以，办事的速度要快慢适中。

◎ 穷，但不失礼

孔子有一位弟子叫子路，有一天他对孔子说："贫穷真的很使人受伤，没有钱供养在世的父母，当父母去世的时候也没有钱按照礼数下葬父母。"孔子说："吃粥喝水，只要能够让父母高兴，这就是孝心。父母去世的时候，能够用衣棺收敛尸体并且迅速下葬，虽然有棺无椁，但是只要跟自己的财力相等，这就叫礼。"由此可见，对父母的孝心与对他人的礼节，不需要用金钱来衡量，能够展现自己的诚意就可以了。

◎ 孔子的弟子

我们都知道孔子提倡礼仪，也时刻用礼仪教育自己的弟子，至圣先师我们自不用说，礼仪方面肯定是做得很完美的，那么孔子的弟子礼仪程度怎样呢？

◎ 以言取人，失之宰予

宰予，字子我，孔子的徒弟，为人能言善辩，但是却经常气到老师孔子。

宰予白天上课的时候睡觉，为此孔子说他"朽木不可雕也"。宰予问孔子："给父母服丧三年是不是太长了？三年服丧不参与礼乐，三年之后我就会忘了礼乐，是不是服丧只需要一年就够了？"孔子在宰予走后说："宰予不仁啊，你三岁的时候才不用父母的关怀，现在天下都在实行服丧三年，而你却不愿意，难道你没有得到父母怀抱你三年的爱吗？"

◎ 以貌取人，失之子羽

澹台灭明，字子羽，也是孔子的徒弟，相貌丑恶。孔子认为他没有才能，不想收他为徒，但是又因为自己有教无类的主张才收其为徒。子羽在做孔子学徒时，每天努力学习，提高自身修养，往南游学到达吴地的时候，身边已经有三百多名弟子跟随子羽学习，他也终于成为当时有名的德才兼备的学者。孔子听后便说："以貌取人，失之子羽。"

🌀 子路

　　仲由，字子路，性格直爽，喜欢武力。卫出公在位的时候，子路在卫大夫孔悝（kuī）手下做邑宰，卫出公的父亲蒯聩（zuǎikuì）逃亡在外，想回国赶走卫出公称王，便胁迫孔悝谋反，成功把卫出公赶出国。子路在外听到了这个消息便回国想救主，对蒯聩说："你怎么能扣押孔悝呢？"子路与蒯聩的手下搏斗，将死之时想起孔子的教导："君子死，冠不免。"他便整理好帽子，从容赴死，捍卫自己作为君子的尊严。

◎ 礼仪小故事

公父文伯之母论内朝与外朝

鲁公父文伯的母亲到季氏家拜访，季康子正在厅堂里处理政事，季康子与她打招呼，她不应声。季康子跟着她来到居室的门外，她还是不应声。于是季康子放下政事跟着文伯的母亲进入居室："我刚才没有听到您的教诲，是不是有什么地方我做错了？"文伯的母亲回答："在外，是君臣处理民众的事物；在内，是君臣处理祭祀的事物，这些都不是我能够过问的。只有在居室里，是由妇女们安排事物。"

季康子每次去探望文伯的母亲时，文伯母亲总是打开门与季康子说话，从不迈出家门一步。孔子听说后，认为他们遵守了男女之间的礼仪。

好人樊重

樊重，字君云。他重性情，为人温和厚道，做事讲究法度。他家擅长种庄稼，而且喜欢做生意。乡里有穷人遇到一些紧急事情向他求救，他都会伸出援手。他也经常救济本家同族，樊重的外孙何氏，兄弟之间因为财产而发生争吵，樊重为他们的行为感到羞耻，就送给他们田地，来解决这次纷争。樊重在八十多岁的时候去世，他在遗嘱中嘱咐子女将那些欠条全部烧毁，那些借钱的人听到这个消息都羞愧万分，纷纷前来偿还债务，但是他的子女谨遵遗嘱，对于还回来的欠款也都没有接受。

由俭入奢易，由奢入俭难

张文节担任宰相的时候，自己的生活跟在河阳当节度判官并无区别，有人跟他说："你每一年的俸禄那么多，生活如此简朴，有人认为你是在沽名钓誉装清白。"张文节感叹说："我现在的俸禄，的确是可以穿华丽衣服，吃山珍海味，但是我知道由节俭进入奢侈很简单，但是从奢侈变为节俭很困难。我现在的俸禄只是一时的，如果有一天我没有这么多俸禄了，而家里的人已经养成了奢侈的风气，那个时候才会产生大问题。"

精神遗产

涿（zhuō）郡太守杨震，为人公正廉洁，他的孩子们经常素食，出门步行。所以就有长者和朋友都劝杨震为孩子们置办一些土地或者开展一些产业。杨震不肯，还说："让后世的人称呼我的儿孙们为清白官吏的后代，这种美名留给他们，这不就是最丰厚的遗产吗？"

贫贱不移

曾子杀猪

有一天曾子的妻子外出办事，年幼的儿子也跟着去，但是却边走边哭。妻子对儿子说："不要再哭了，你先回家，回家之后我给你杀猪吃。"等到妻子回到家中，曾子知道了这件事，便马上磨刀准备杀猪，妻子拦住他说："我只是跟孩子说笑的，不要当真。"曾子说："小孩子是会把大人的话当真的，如果你现在欺骗他，他就不再相信你，而且还学会了欺骗。我现在杀猪，是为了教给他不要骗人的道理。"

汉明帝尊师

汉明帝从小就向恒荣学习，在成为皇帝后，仍然十分尊重恒荣，经常去恒荣家探望学习。当汉明帝与恒荣在一起时，有臣子提问，汉明帝总谦让地说："老师在这里，先问老师。"在恒荣生病的时候，汉明帝派遣侍从看望问候，派遣太医过去医治，在病重之时亲自拜访，在床前抚摸着老师哭泣，为自己即将失去良师而感到悲伤。

齐义继母

齐宣王的时候，有人参与打架死了，有一对兄弟都说人是自己打死的，官府一时无法裁定，便请奏齐宣王。齐宣王说："如果放过他们，那就是纵容犯罪；如果全都杀掉，那就是冤枉好人。不如问问他们的母亲吧，他们的母亲一定知道两个孩子的为人谁好谁坏。"于是便召见两个兄弟的母亲，宰相问她："现在你的两个孩子有一个杀了人，但是兄弟二人都想替对方赴死，你想让谁死谁活呢？"母亲哭着说："那杀掉最小的吧。"宰相很吃惊，问她："小儿子是父母最喜爱的，你为什么想让他赴死呢？"母亲回答："小儿子是我亲生的儿子，大儿子是我丈夫前妻的儿子，我答应丈夫要好好抚养大儿子，如果这时候我说要让大儿子赴死，那岂不是食言了？我虽然疼爱自己的儿子，但是也不能忘记德行和道义。"宰相将这个回答禀告给了齐宣王，齐宣王赞叹这位母亲的德行，于是赦免两个儿子的死罪，并且称这位母亲为"义母"。